AF460102

(452e)

CATALOGUE

PORTRAITS

ANCIENS ET MODERNES

LA PLUPART POUR

ILLUSTRATIONS

Bertonnier, COCHIN, Delvaux

FICQUET, Hopwood, Ingouf, Saint-Aubin, SAVART

LOUIS XVI, MARIE-ANTOINETTE, etc.

NOMBRE EN

ÉPREUVES AVANT LA LETTRE

DONT LA VENTE AURA LIEU

HOTEL DES COMMISSAIRES-PRISEURS

RUE DROUOT, 9, SALLE No 7

AU PREMIER ÉTAGE

Les Jeudi 19 et Vendredi 20 Février 1880

A UNE HEURE PRÉCISE

Me Maurice DELESTRE, Commissaire-Priseur,
rue Drouot, 27,

Assisté de **M. VIGNÈRES**, Marchand d'Estampes,
rue de la Monnaie, 21, à l'entre-sol,

CHEZ LEQUEL SE DISTRIBUE LE CATALOGUE

PARIS — 1880

CATALOGUE

PORTRAITS

CLASSÉS PAR GRAVEURS

1 **Adam** (Jacob). Marie-Christine d'Autriche. — J. Sigefridus Wiser. 2 p. in-8. Très-belles ép.

2 **Allais**. Trumeau, épicier, a empoisonné sa fille, in-4. Toute marge, rare.

3 **Audran** (B.). Louis, duc de Bourgogne, et sa femme, profils en regard, médaille in-8 superbe et toute marge.

4 **Balechou**. Voltaire, d'ap. La Tour et d'ap. Loitard. 2 p. in-8.

5 **Ballin**. Fénelon, in-8. Magnifique ép. avant la lettre, marge in-fol.

6 **Bartolozzi**. Autumn, ovale, in-8, sanguine. d'ap. Cypriani. Jolie Bacchante. Grande marge.

7 **Baudran**. Gustave Aimard, ovale, in-4. avant et avec la lettre. 2 p. Toute marge. Superbes.

8 **Berger**. Fred. Ant. von Heinitz. — J. M. Schmidio, in-4. — Rabener, in-8. 3 p.

9 **Bergeret** (Claire). Bergeret, peintre, petit in-fol. sur chine.

10 **Bernigeroth.** F. Eugène de Savoie. — Isaac Watts. 2 p. in-8.

11 **Bertonnier.** Mme de Fumel, supérieure de l'Enfant-Jésus, grand in-4.

12 — Bailly, in-8. Superbe ép. avant la lettre, sur chine. Toute marge.

13 — Descartes, in-8. Superbe ép. avant la lettre sur chine. Toute marge.

14 — Diderot, in-8. Superbe ép. avant la lettre sur chine. Toute marge.

15 — La Rochefoucault. Avant la lettre sur chine, in-8.

16 — Legouvé, in-8. Magnifique ép. sur chine avant la lettre. Marge in-fol.

17 — Legouvé, in-8. Superbe ép. avant la lettre sur chine. — Avec la lettre. 2 p. Toute marge.

18 — Pigaud-Lebrun, in-8. Superbe ép. avant la lettre. Toute marge. — Le dessin au carreau pour le graveur. 2 p.

19 — Piron, in-8. Superbe ép. avant la lettre sur chine. Marge.

20 — Richter (Jean-Paul), grand in-8 sur chine. Superbe ép. Marge, in-fol.

21 — Scarron (Paul). Avant la lettre, sur chine. Très-grande marge. — Avec la lettre. 2 p. in-8.

22 **Blanchard.** Gœthe, in-8, ovale, avant la lettre. — Le même, avec entourage gothique. in-4. — Schiller, ovale in-8. Toute marge. 3 p. superbes.

Nicolle 2.

Hubac 3. Pingaud 2.

Hubac 4. Pingaud 2.

Pingaud 2

Nicolle 3.50

Pingaud 2.

Bovet 11

Bovet 6

Nicolle 4.50 Pingaud 2. Bovet 16

Pingaud 2

Dervaux 4

Pingaud 1.50 Fleuron 3

Ditchfield 3.50

Pingaud 2. Nicolle 2.50

Dervaux 4 Nicolle 3.50

Mourier 2.50 Nicolle 2.50. Ditchfield 7.50

[illegible]

[illegible] 2 Thibaudeau 10

Thibaudeau 10

Flougard 3.50

[illegible]

23 **Bonvoisin.** Hamilton, avant la lettre sur chine. — Avec la lettre. 2 p. in-8 superbes.

24 **Bovinet.** Comtesse Dubarry. Très-belle ép. Toute marge.

25 **Bracquemond.** Champfleury, entouré d'attributs. Eeau-forte, in-8.

26 **Bromley.** M. de Calonne, in-8. Rare.

27 **Cardon.** L'abbé Gaultier, ovale, in-8, en bistre.

28 **Cathelin.** Guil. Fr. Rouelle, apothicaire, grand in-4.

29 **Cazenave.** Marmontel, in-8. Avant la lettre. Superbe ép. Toute marge.

30 **Chasteau.** J.-B. Colbert, petit in-fol. Très-belle ep.

31 **Chenay** (Paul). Victor Hugo, 1857, profil à droite. Petit rond in-8, sur chine. Superbe. Toute marge.

32 **Chenu.** Panard, in-8. Superbe ép. Marge.

33 **Choffard.** Larochefoucauld, d'ap. Petitot, in-8. Très-belle ép.

34 — Palissot, in-8. Très-belle ép.

35 **Chrétien.** Bailly. Rond avec fond blanc. — Le même avec fond noir. 2 p. petit in-8.

36 **Cochin** (d'ap.). Cayeux, par Lempereur.

37 — Comte de Caylus (de Thubières).

38 — Descamps, peintre de Rouen, papier vélin.

39 — Diderot, par Cathelin.

40 — Laure, ch. de Breteuil.—Duc de la Vallière. 2 p.

41 — P. de la Place. Cochin, sculp. Aqua-forti.

42 — Marin, par Fessard. — Prince de Rohan Guémené, par Campion. 2 p.

43 — Antoine Petit, médecin, par Mme Lingée. Sans marge.

44 — Jacques Roettiers. — Joseph-Charles Roettiers. 2 p.

45 — Cl. Léger Sorbet, chirurgien. Marge vierge.

46 — Antoine Thomas, de l'Académie.

Ces portraits sont in-4. Très-belles ép., la plupart avec marge.

47 — Gaurier. — Houel, peintre. 2 p. in-8, par Mme Lingée.

48 — Gosseaume. — Grosse. 2 p. in-8, par Cathelin.

49 — Sacchini, par Saint-Aubin. — Perignon, par Miger. 2 p. in-8. Ces portraits sont très-belles ép.

50 **Coiny.** Visconti, ovale, in-8, avant la lettre, sur chine. Superbe.

51 **Colin.** Girodet et ses élèves. Groupe de trente-deux portraits, lithog. petit in-fol.

52 **Copia.** Le maréchal-ferrant de la Vendée, d'ap. Sablet, in-fol. Avant la lettre.

53 **Cunego.** Bernis, cardinal, d'ap. Callet, petit in-fol. Marge.

54 **Dambrun.** Marie-Joséphine-Louise de Savoie, Madame, in-8, d'ap. Favanne. Superbe ép. Marge.

55 **Damour.** J.-B. Massé. Grand in-8. Toute marge.

Rapil 7. Lemarce 2.50

Rapil 3. Lemarce 2.50
Nicolle 2.50 Rapil 5

Hedon 4.

Bover 11

Hedon 3.50

Pitchoutin 4

Mourier 3. Devray 5 Nicolle 4
s. Robin 6

Rapilly 5 Chaleyer 3

Rapilly 3 Pingaud 2 Nicolle 4

Nicole 3. Hubac 7 Vaillant 3.50

Lemaire 1.50 P. Robin 20

Rapilly 6

Lemaire 1.50 Mourier 5 Rapilly 4 Pingaud 1.50

56 **Daullé.** Nonnotte, d'ap. lui-même, in-4. Très-belle.

57 — Louis, duc d'Orléans, in-8. Très-belle ép.

58 — Polignac, cardinal, in-8. Texte changé. 2 ép. différentes, très-belles.

59 **Davignon.** Cambacérès entouré d'amours en traits de plume, in-4. Marge.

60 **Delattre.** Henri Linguet, in-8. Très-belle ép.

61 **Delaunay** (N.). Bernard de Bonnard, in-8. Très-belle.

62 — Pierre Charron. In-18, eau-forte pure et avec la lettre. — Par Delvaux, in-12, lettre grise. — In-8, par Audouin. 4 p.

63 — Mme Deshoulières. Médaillon entouré de roses, in-18.

64 — Fénelon avec le cygne effrayé, in-18. Superbe. Grande marge.

65 — Le Tasse. In-18, d'après Marillier. Superbe.

66 **Delaunay** le jeune. Étienne et Joseph Montgolfier, aéronautes, d'ap. Houdon. Très-grand in-8. Toute marge. Superbe.

67 — L'abbé de Voisenon, in-12. Superbe ép. avant la lettre. Marge.

68 **Delignon.** Sophie Ruffey, amie de Mirabeau. in-8, d'ap. Borel. Superbe ép. Marge in-4.

69 **De Longueil.** Henri IV. — Louis XV. Médaillons réunis par un Amour, entourés d'attributs, in-8, en travers, d'ap. Eisen. Très-belle ép.

70 **De Lorraine.** L'abbé Aubert, fabuliste, in-4. Superbe ép. Toute marge.

71 **Delvaux**. Andrieux, in-8. Avant et avec la lettre. 2 p très-belles. Toute marge.

72 — Charron, in-12, lettre grise, tablette blanche et avec la lettre. 2 p. superbes. Toute marge.

73 — Fénelon, in-12. Superbe ép. avant la lettre. Toute marge.

74 — Jeanne d'Arc; en bas, son supplice, in-18.

75 — La Bruyère dirigé à gauche. — Dirigé à droite. 2 p. in-18. Marge.

76 — Jean Racine, in-18, d'ap. Santerre. Marge. Très-belle.

77 — Louis Racine, In-18, d'ap. Aved. Très-belle.

78 — Riquet de Bonrepos, au bas proposant son projet du canal du Languedoc, in-8.

79 — J.-B. Rousseau, à mi-corps, in-8. Superbe.

80 — Mme de Staal, in-12. (C'est Mme de Sévigné.)

81 — Sonnini, in-8. Très-belle ép. Toute marge.

82 **De Marcenay**. Henri IV. — Sully. 2 p. in-8.

83 **Denon**. Son portrait, coiffé d'un chapeau, eau-forte, grand in-8 sur chine, non fixé.

84 **Dequevauvillers**. Florian, in-8. Superbe ép. avant la lettre, sur chine. Toute marge.

85 — Regnard, in-8. Superbe ép. avant la lettre, sur chine. Toute marge.

86 **Desenne** (d'ap.). Portraits en pied, in-8. Barthélemy, eau-forte pure et avec la lettre. — Camoens, avant la lettre chine. — Delille, avant la lettre. — Ducis, eau-forte pure. — Florian, eau-forte pure et avant la lettre. — Graffigny. — Walter Scott, eau-forte pure. 9 p. très-belles.

Pingaud 2

Hubac 4.50 Pingaud 2

Mourier 3.50

Nicole 3. Pingaud 2

Servay 7. [illegible]

Hubac 4. Nicolle 3. Pingaud 1.50 Cutzem 6.

Hubac 4 Pingaud 2 Cutzem 6

Bovet 11

Boveu 11

Nicolle 4

Petchoukin 2

Pingaud 2

Pingaud 2

Mouries 2 Pingaud 2

Nivolle 2.50
si pas le 29.

Pingaud 2 Nivolle 3. Vaillant — 4
si pas le 67.

87 **Desrais** (d'ap.). Louis Gillet, maréchal-des-logis, au bas la scène contre les brigands, in-8.

88 **Desrochers.** Marie-Thérèse, reine de France, in-8, par Desrochers. Très-belle ép. Marge.

89 **Dieu.** Marquis de Bouillé, in-8. Superbe ép. avant la lettre, sur chine. Marge. — Toullier, in-8. Très-belle ép. 2 p.

90 — Ary Scheffer, d'ap. Lehmann, in-4 avant et après la lettre. 2 p. superbes. Toute marge.

91 **Duflos**. De Lisles de Sales, philosophe de la nature, in-8. Très-belle ép. Marge.

92 — Malherbes. — Regnard. — J.-B. Rousseau. 3 p. in-8.

93 **Dugoure** (D'après). Philibert, comte de Grammont, in-12, par Lebert. Belle ép. rare.

94 **Duhamel**. Comte de Cagliostro, in-4, d'ap. Guérin. Très-belle ép.

95 — Descartes. Grand in-8, toute marge.

96 — La Comtesse de Provence, d'ap. Queverdo. In-8, grande marge.

97 **Dupin**. Réné Descartes, in-8. Superbe, toute marge.

98 — Diderot. Grand in-8, toute marge. Très-belle ép.

99 — La Fontaine, in-8. Superbe, toute marge.

100 — Marmontel, d'ap. Cochin. Grand in-8. Toute marge.

101 — Voisenon (Abbé de). Profil à droite. — Profil à gauche. 2 p. in-8. Très-belles ép., marge.

102 **Dupont** (Henriquel). Coiny, graveur. Grand in-8. Très-belle ép., marge.

103 — Desenne. In-8, eau-forte.

104 — Le Brun, duc de Plaisance. In-8.

105 — Mme de Mirbel en pied. In-4. Toute marge.

106 — Buste de J.-J. Rousseau, près de la Nature. Titre de ses œuvres. In-8, avant et avec la lettre. 2 p. Très-belles, toute marge.

107 — Carle Vernet, d'ap. Delaroche, eau-forte pour l'artiste. In-4., toute marge.

108 **Edelinck.** Fléchier, évêque de Nismes, in-8. Très-belle ép., remargée à claire-voie.

109 — Évariste Gherardi de la Comédie italienne. In-8, remargé en plein.

110 — Jacques Sarrazin. Petit in-fol. Belle ép.

111 **Ethiou.** Beaumarchais. — Boufflers. 2 p. in-8. Très-belles ép.

112 — Byron, avant et avec fac-simile de signature. 2 p. in-8. Très-belles, toute marge.

113 — Gresset. In-8, avant la lettre, toute marge.

114 — Marie-Thérèse, reine de Hongrie. In-8, avant la lettre, tablette blanche, sur Chine. Toute marge, superbe.

115 — J. Racine, avant la lettre et le cadre. — Avec le cadre et avec la lettre. 2 p. in-8 sur Chine. Très-belles.

116 **Fauchery.** Larochefoucault. Ovale in-8, avant la lettre sur Chine et avec la lettre. 2 p.

117 — Pothier. Grand in-8. — Voltaire à la Bastille. In-8. 2 p. avant la lettre sur Chine. Superbes ép., toute marge.

Rapilly 3.

Hidou 3. Bover 7.
Nicolle 4
Bover 7.
Hidou 5

Hidou 5

P. Arbaud 15

Bover 11

Pingaud 3.

Ditchfield 15

Dervaux 13 Hubac 15

Dervaux 13

Dervaux 13

Dervaux 13 Hubac 12

Dervaux 13

Rapilly 15 Pitchoukin 25. Pingaud 3. Hubac 15

Rapilly 25. Pingaud 10. Dervaux 13 Hubac 22

Mourier 15 Dervaux 13 Hubac 10

Hedou 3

118 **Ficquet.** Crébillon, avant les noms d'artistes. Superbe ép., remargée à claire-voie.

119 — Le même, avec les noms.

120 — Descartes avant les noms d'artistes, de la collect. Didot. Très-belle ép., marge.

121 — Le même, avec les noms. Belle ép., marge.

122 — Fénelon, avant les noms des artistes. Très-belle.

123 — La Fontaine. Superbe ép., remargée à claire-voie.

124 — Le même. Belle ép., toute marge, piqué d'humidité.

125 — La Mothe le Vayer, avant les noms d'artistes. Très-belle ép.

126 — Le même, avec les noms. Très-belle ép.

127 — Marquise de Maintenon. Superbe ép., très-grande marge.

128 — Molière, avec les noms d'artistes en petits caractères. Superbe ép., très-grande marge, quelques piqûres d'humidité.

129 — Regnard, d'ap Rigaud.

130 — J.-B. Rousseau. Très-belle ép., petite marge.

131 — Le même. Belle ép., grande marge.

132 — J.-J. Rousseau. Superbe ép. remargée à claire-voie.

133 — Voltaire. Très-belle ép. remargée.

134 **Flameng.** Jean de Lafontaine. Ovale in-8. eau-forte sur Chine non fixé.

135 **Flipart.** Érasme, d'ap. Holbein. Grand in-8, toute marge.

136 **Fontaine**. Ida St-Edme (la Contemporaine). In-8, avant la lettre, sur chine. Toute marge, superbe.

137 **Forster**. Charrin. In-8. Superbe ép. avant la lettre, sur Chine, toute marge.

138 **Fosseyeux**. Jean-Antoine Hagnon, économe du château de Bicêtre. In-4. Très-belle ép.

139 **Foulquier**. Molière. Grand in-8, eau-forte avant la lettre, sur chine, toute marge.

140 **Fragonard** fils (D ap.). Destouches. Il regarde en l'air et tient une plume. In-8, rare eau-forte pure, par Duval.

141 **François**. Fénelon, avant la lettre sur Chine et avec la lettre. 2 p. in-8.

142 **Gaillard**. Grecourt. In-8. Superbe ép., toute marge.

143 — Perrin. In-8, en travers, d'après Revelli. Marge, rare.

144 **Gardiner**. Comte Antoine Hamilton. Ovale équarri et carré. 2 p. grand in-8. Différents. Belles ép., marge.

145 **Gaucher**. De Boufflers. — Demoustier (Catalogue Portalis et Draibel, 45). Belle ép., grande marge, 2 p.

146 — Comte d'Hartig (76). — Kotzebue (85). 2 p. in-8. Très-belles ép.

147 — Louis-Auguste, dauphin de France (Louis XVI). Grand in-8 (102). Superbe ép., marge.

Rapilly 3. L[illegible] 1.50

Pingaud 2.50

Boret 21

Pingaud 1.50 [illegible]

Nicolle 4

De Batz 12
si très beau
toujours

Rapilly 12. Debatz 12 Pingaud 2.50 Hubac 8

Rapilly 5 Debatz 10

Bovet 11

[illegible] 2 Foray 6 Hedon 4

Fauvel 6 Nicolle 5

Mourier 5. Nicolle 2. Ditchfield 5

[illegible] 2 Pingaud 2.50

Pingaud 2.50

148 — J. Racine. In-8, d'ap. Santerre, dans un encadrement orné d'ap. Gravelot, gravé par Choffard. Superbe ép., toute marge (136).

149 — Ch. Gab. de Tubieres de Caylus, évêque d'Auxerre (37). Superbe ép. in-8, toute marge.

150 **Geoffroy**. L'Art français au XVIIIe siècle. Watteau. — Coustou. — Greuze. — Rameau. — Prudhon réunis. Petit in-4, toute marge.

151 — Molière. Grand in-8, papier vergé, marge in-fol.

152 **Geraut**. La Fontaine et Mme de la Sablière. In-8, d'ap. Deveria. Superbe ép. avant la lettre sur Chine, toute marge.

153 **Gervais**. Sophie Arnoult. — Duchesse de Berry. — Châteauroux. — Camargo. — Guimard. — Lamballe. 6 portraits in-4 avant la lettre, toute marge.

154 **Giffart**. Louis XIV en pied en romain ; au fond, bataille. In-4. — En buste ovale équarri, fleurs de lys dans les coins. Petit in-4, 2 p.

155 **Gilbert**. Molière. Rond à l'eau-forte. In-4, sur papier vergé. Superbe ép. avant la lettre. In-fol.

156 **Girard**. De Montmerqué. Medaille rond in-8. Superbe ép, sur Chine, marge in-fol.

157 **Girardet**. Jehan de Meung. In-8. Superbe ép. toute marge.

158 **Guelard**. René Le Sage. In-8. Superbe ép., toute marge.

159 **Guyard**. Beaumarchais. In-8. Superbe ép. avant la lettre, toute marge.

160 — Marivaux avant la lettre, sur Chine, in-8. Superbe ép., toute marge.

161 **Hainzelman.** Boucherat, chancelier. Médaille et son revers, toute marge.

162 **Hall**, Ant. comte Hamilton. In-4.

163 **Halbou**. J.-F. de Troy fils, peintre. Grand in-4.

164 **Harding.** Marie duchesse de Chevreuse. Grand in-8, ovale, toute marge.

165 **Heath.** La Duchesse de Nemours. Ovale rayonnant, in-4.

166 **Hedouin.** Balzac. Eau-forte in-8 avant toute lettre, en bistre, papier de Chine non fixé.

167 **Hopwood.** Lord Byron. In-8. Superbe ép. avant la lettre, sur Chine, toute marge.

168 — Fenimore Cooper. In-8. Superbe ép, avant la lettre, sur Chine, toute marge.

169 — P. Corneille. In-8, ovale orné avant et avec la lettre, 2 p. Superbes, toute marge.

170 — Crébillon. Ovale orné de deux masques et une lyre, avant la lettre, sur Chine, in-8. — Crebillon. Ovale supporté par deux diables, eau-forte pure et avec la lettre, sur Chine, in-8. Superbes ép., 3 p., toute marge.

171 — Lafayette, général. — Louis-Philippe Ier. In-8, sur Chine, 2 p. Superbes, toute marge.

172 — La Fontaine. Ovale orné avant la lettre, in-8. Superbe ép., toute marge.

173 — J. Racine. Ovale orné avant la lettre, in-8, sur Chine. Superbe, toute marge.

Bovet 16

Bovet 16

Bovet 16

Trigel 2

Hubac 6

Hubac 3. Pingaud 2.

Pingaud 2.

Boret 16

Boret 16

[illegible] 1

Boret 7

174 — Richardson. In-8 avant la lettre, sur Chine. Toute marge, superbe.

175 — Talma. Avant et avec le nom de l'artiste, 2 p. in-8. Superbes, toute marge.

176 — Voltaire. Ovale orné in-8, avant et avec la lettre. Superbes, 2 p., toute marge.

177 — Walter Scott. In-8, avant la lettre, sur Chine. Superbe, toute marge.

178 — Apollon au milieu de sept portraits — Corneille. — Racine. — Molière. — Boileau. 5 p. in-18.

179 **Houbraken.** Gilbert Burnet, évèque de Salisbury. In-8. Belle ép., marge.

180 **Hubert?** Prince de Savoie? Très-grand in-8, avant toute lettre, grande marge.

181 **Huot**, d'ap. Lemoine. Abbé. Grand in-8, avant la lettre, toute marge.

182 — Court de Gebelin. In-4, d'ap. Pujos. Très-belle ép., toute marge.

183 **Ingouf** junior. Baseilhac dit frère Côme. lithotomiste. In-8, marge.

184 — P. Ch. Lorry. — De Mairan. 2 p. in-4.

185 — Marivaux entouré d'allégories de Marillier. In-8. Superbe ép., toute marge.

186 — Luillier dit Chapelle. In-12, lettre grise et avec la lettre. 2 p., toute marge.

187 — Crebillon. Lettre grise. — Destouches. 2 p. in-12, toute marge.

188 — Destouches. Lettre grise et avec la lettre. 2 p. in-12, marge.

189 — Fontenelle. Lettre grise et avec la lettre. 2 p. in-12, toute marge.

190 — J.-B. Rousseau. Lettre grise et avec la lettre. 2 p. in-12, toute marge.

191 — Scarron. — Duperron. 2 p. in-12, toute marge.

192 — De Sartine. In-12. Superbe ép., marge grand in-8.

193 **Ingres** (D'ap.). La Fontaine, en pied. In-4. ép. d'artiste, avant toute lettre.

194 **Jacquemin**. André Chenier, d'ap. Suvée. In-8. Magnifique ép. avant la lettre, grande marge.

195 **Jehotte**. Fénelon, avec la lettre. — Chaulieu. La Fontaine, 2 avant la lettre. 3 p. ovales in-8, sur Chine, marge.

196 — Horacius Flaccus. — Persius Flaccus. Eaux-fortes pures et terminées, 4 p. sur Chine in-8, toute marge.

197 **Jode** (P. de). Bocace. In-4, d'ap. Titien.

198 **Johannot**. Bussy Rabutin, avant la lettre. — Coulanges, eau-forte pure. 2 p. in-8 sur Chine, toute marge.

199 **Johannot** (D'après). Jules Janin, eau-forte pure, remargé à claire-voie, avec la lettre. 2 p. très-grand in-8.

200 **Joullain**. Ch. Rivière du Fresny. In-8 d'ap. Coypel.

201 **Kilian** (Chr.). Phil. André Kilian, graveur. Manière noire, in-4, marge.

202 **Klauber**. Maury, cardinal. In-4, marge.

Pingaud 4.

Mounier 6

Wittert 5

Wittert 5

Wittert 5
Fauvel 3

Chaleyer 3

Pitchoukin 5

Bover 9 Nicolle 4

Bover 11. Nicolle 2

Bover 9

Forray 6

Lemarié 3

Bovet 5

Lemarié 1.50 Hubac 4

Lemarié 1.50 Houyard 3

203 **Lacaille.** Mirabeau, père du peuple. Rond in-8.

204 **Lacour.** Wieland. Grand in-8 avant la lettre sur Chine. Superbe ép., marge in-fol.

205 **Lalauze.** Julie d'Angennes entourée de fleurs. Eau-forte in-8 avant la lettre, sur Chine. Superbe ép., marge in-fol.

206 — Comte de Caylus. In-8 en rouge, d'après Cochin, avant la lettre. Eau-forte sur Chine non fixé.

207 — Molière, in-8. Eau-forte avant la lettre, sur Chine non fixé. Superbe.

208 — Mathieu de Montreuil, poète. In-8 avant la lettre, sur Chine, toute marge.

209 — Sarrasin. 2 ép. avant la lettre, in-8, papier vergé, toute marge.

210 **Lancret** (D'ap.). Thomassin et Mlle Silvia. Grand in-8 par Cars. Très-belle ép.

211 **Landry.** Marie Thérèse, reine de France, in-8, remargée.

212 **Langlois.** Mlle Crozat. In-8, remargé.

213 **Langlois** (P.-G.), 1786. Marquise du Châtelet, in-8. Superbe ép., toute marge.

214 — Fontenelle. In-4 avant la lettre, marge.

215 **Le Beau.** Boileau, ~~avant~~ et avec le numéro. 2 p. in-8.

216 — Ch. Emmanuel, prince de Piémont. In-8.

217 — Étienne François, duc de Choiseul, in-8. Superbe ép., toute marge.

218 — Louis François, prince de Conti, né en 1717. — L. F. Joseph, prince de Conti, né en 1734. In-8. toute marge. 2 p.

219 — La Marquise de Pompadour en nymphe, in-8, d'ap. Queverdo. Superbe ép., toute marge.

220 **Le Bert.** Marion de Lorme, in-8. Toute marge. Rare.

221 **Le Cerf.** Delille, in-8. Avant et avec la lettre. Toute marge.

222 **Le Cœur.** Députés. — De Lubersac. — Le Camus. — Maury. — De Liencourt. — Pison du Galand. — Merlin. — Target. — Rabaut. — Clermont-Tonnerre. — A. de Lameth. — La Rochefoucauld. — La Poule. — Emmery. — Chasset. — Bureau de Pussy. — Comte de Castellane. — Demeunier. — Delahaye Delaunay. — Colaud, 19 portraits, rond in-8.

223 **Le Comte.** H. Grégoire, évêque de Blois, ovale in-4. Toute marge. Superbe.

224 **Legrand.** Boisgontier, curé de Chilly. — Clément XIV. 2 p. in-12.

225 — E. Mongolfier, in-4, d'ap. Pujos.

226 **Leguay.** François Ier, roi de France, eau-forte pure, in-8. Toute marge.

227 — Mme de Sablé, in-8. Avant la lettre. Toute marge. Superbe.

228 **Le Mire.** Le buste de Voltaire entre deux Génies, d'ap. Eisen, in-12.

229 **Lempereur.** P.-F. Coppette, in-4, d'ap. Meon.

Hubac 20 Pingaud 2,50 Bover 11 Rapilly 15

Meunier 6

Pitchoutkin 4

Pingaud 1, 50

[illegible] 3 Hubac 8

Pitchoutin 6

230 **Leroux.** Bellart, ovale in-8. Avant la lettre, sur chine, et avec la lettre. 2 p. Toute marge.

231 — Corneille. Statue sur le pont, à Rouen, in-4, sur chine. Toute marge.

232 — Louis David, peintre, in-4, sur chine. Toute marge.

233 — Regnard, lettre grise et avec la lettre. 2 p. in-8.

234 **Le Roy.** Joseph Rullier, âgé de 105 ans, in-4. — Henri IV, in-12. — Tassoni, poète. 3 p.

235 **Leroy** (Alphonse). Prud'hon, très-petit ovale, d'ap. lui-même. Marge in-8, papier vergé. Superbe.

236 **Letellier.** Deon de Beaumont en femme, profil à gauche, in-8.

237 **Levachez.** Bailly, en couleur, petit rond. Superbe ép. Marge. Rare.

238 **Levesque.** M. J. Sedaine, in-4, d'ap. David.

239 **Lignon.** Madame de Genlis, in-4. Avant toute lettre.

240 — Massillon, avant la lettre. — Avec la lettre, sur chine. 2 p. in-8. Toute marge.

241 **Lingée.** Gertrude, rond in-8 en bistre.

242 **Lips.** M. J. Chenier. — Le Brun, ovales in-8. 2 p.

243 — Mme Roland, ovale in-8.

244 — Shakespeare. — Joseph II. 2 p. in-8.

245 **Littret.** Comte de Caylus, entouré de lauriers, in-4. Toute marge.

246 — Favart, in-8, d'ap. Liotard. Très-belle ép.

247 — Ch. J. Fr. Henaut, in-4. Superbe ép. Toute marge.

248 **Lochon**. J. F. Sarrasin, in-8. Très-belle ép.

249 **Louis** (Aristide). Henriquel Dupont, in-4, sur chine. Toute marge.

250 **Marillier** (d'ap.). Ch. Emmanuel III de Savoie, petit médaillon entouré de figures allégoriques, in-8, en travers, pour en-tête de son oraison funèbre.

251 **Martinet**. Pierre Danes, évêque de Lavaur, in-8. Marge.

252 **Masson**. Mme Émile de Girardin, in-4. Marge in-fol.

253 **Mauduit**. Arioste. Avant la lettre, chine. — Avec la lettre, 2 p. in-8 superbes. Toute marge.

254 — Napoléon Ier, in-4. Avant la lettre, chine et blanc. 2 p. superbes.

255 **Mecou**. Élisabeth Alexiewna, impératrice de toutes les Russies, ovale, petit in-4, d'ap. Isabey. Colorié.

256 **Mercury**. Marquise de Maintenon dans un entourage orné, in-8.

257 **Meyer**. Talma, in-4, d'ap. Davis.

258 **Miger**. Bailly, maire de Paris, petit in-fol.

259 — Boucher. — Charlotte-Catherine de la Tremoille. 2 p. in-4. Marge.

260 — Marquis de Pombal. — Le Jeune, basson. 2 p. in-8.

Bover 11 Pitchoukin 4.

Pitchoukin 3.

Lemarié 2

Fauvel 20 Ditchfield 30

Mourier 1,50

L. B. Trigel 6

261 **Moreau** le jeune. De Jarente, évêque, in-8, en travers. Très-belle ép., remargée à claire-voie. Rare.

262 **Moreau** (d'ap.). La France pleurant sur le médaillon de Louis XV, in-8, en travers, en-tête de la description de son mausolée à Saint-Denis.

263 — Naudeville, amateur, in-8, par Mme Lingée.

264 **Moyreau** (M. M.). Abbé, de profil à droite, six vers dans la tablette, eau-forte in-4. Rare.

265 **Nargeot.** Catherine II, in-8. Superbe ép. d'artiste. Toute marge.

266 — Rétif de la Bretonne, in-8. Superbe ép. sur chine. Non fixé.

267 **Naudet.** Le femme de J.-J. Rousseau, en pied, in-4.

268 **Née** (F. D.). Le Camus, bibliothécaire, in-8. Avant la lettre.

269 **Nicolet.** L'abbé Desmonceaux, grand in-8. Superbe ép. Toute marge.

270 **Noble.** Torquato Tasso, in-8.

271 **Norblin.** Son portrait, dirigé à gauche. — Dirigé à droite dans son atelier. 2 p. à l'eau-forte.

272 **Pannier.** J. Racine dans un entourage d'architecture, in-8, sur chine. Toute marge, in-fol. 2 ép., l'une avant le nom du graveur à la pointe.

273 **Pass** (Crispin de). Marguerite de Valois, femme d'Henri IV, rond in-4.

274 **Patas**. Buste de Boccace dans un parc, in-8, d'ap. Desrais.

275 **Pauquet**. Henri IV, en pied, grand in-8. Superbe ép. Avant la lettre, sur chine. Toute marge.

276 **Picart** (B.). Jean de La Bruyère, in-8. Superbe.

277 **Pinssio**. Marie-Thérèse, dauphine, in-8. Très-belle ép. Marge.

278 **Pitou**. Laurent Jean Babille, né à Paris, avocat, grand in-4. Rare.

279 **Porreau** (Jules). Mlle Guimard. Avant et avec la lettre. 2 p. in-8, en bistre. Superbes. Toute marge.

280 — Mlle Le Normand, eau-forte et terminé. 2 ép. in-8. Avant la lettre. Toute marge.

281 **Prevost**. La gravure soutient le portrait de Seb. Leclerc. Frontispice in-8. Superbe ép. Toute marge.

282 **Prudhon** (d'ap.). Le Roi de Rome, médaille. Au-dessous, le bas-relief de Romulus et Rémus, in-4. Toute marge.

283 **Pruneau**. P. Charron, in-8, lettre grise.

284 **Quenedey**. J. Ch. Adam de Bouzonville, dép. de la Moselle, rond. Rare.

285 — J. F. Le Sueur, musicien, in-4.

286 — Ch. Gravier, comte de Vergennes, rond in-8, d'ap. une médaille.

287 **Regnault**. E. Meissonier, peintre, d'ap. lui-même, in-12. Superbe ép. Toute marge.

Pingand 2

Lemarié 1.50

L. B.

L. B

Bourges 10 Mourier 3.50

Lemarié 2.

L. B.

Serrau 7

Dervaux 4

Lemarié 2

Debatz 5

Lemarié 2 Debatz 5 Thibaudeau 10

Rapilly 4 Debatz 5

Lemarié 3 Debatz 5 Nicolle 3

288 **Revel.** Florian, petit ovale orné, d'ap. Johannot. Superbe ép. Avant la lettre, sur chine. Toute marge.

289 **Reynolds** (d'ap.). David Garrik, acteur, ovale in-8, en couleur. Toute marge.

290 **Ridley.** Mme Mara, actrice, ovale in-8.

291 **Roger.** Bossuet, avant la lettre. — Colbert — Louis XVII. 2 différents, lettres grises, 4 p. ovales in-8. Toute marge,

292 — Larochefoucauld. Avant la lettre, sur chine. — Louis XI. 2 p. ovales, in-8. Toute marge.

293 — Mme de Tencin. — Philippe d'Orléans, régent. 2 p. ovales, in-8. Toute marge.

294 **Romanet.** Robert Nanteuil, in-8. Marge.

295 **Roy.** Nicolas Boileau, in-8. Superbe ép. Toute marge.

296 **Saint-Aubin** (Aug. de). Bitaubé, in-8 sur chine, non fixé.

297 — Buffon. Médaillon sur un obélisque, in-4. Superbe ép. Toute marge.

298 — Fénelon, in-4. d'ap. Vivien. Très-belle ép. Toute marge.

299 — Ch. Antoine Jombert, libraire, in-4, d'ap. Cochin. Très-belle ép. Petite marge.

300 — Léonard Le Roux, architecte, in-4, d'ap. Cochin. Marge. Très-belle ép.

301 — Linguet, profil à droite, in-4. — Petit médaillon entouré de figures allégoriques, grand in-8. 2 p. superbes ép. Toute marge.

302 — Marc René de Montalembert, d'ap. De la Tour, in-4. Superbe ép. Toute marge.

303 — Necker. Médaillon au-dessus du globe terrestre, in-8.

304 — J. B. M. Pierre, peintre, in-4, d'ap. Cochin. Très-belle ép.

305 — Alexis Piron, d'ap. Caffieri, in-8. Superbe ép. Toute marge.

306 — J. Racine, in-8. Très-belle ép. Toute marge.

307 — Sallustius, in-12, lettre grise. Très-grande marge.

308 — J. Ch. Ph. Trudaine, in-4, d'ap. Cochin. Belle ép.

309 — Voltaire, profil à droite, in-8. — Profil à gauche, in-12. 2 p.

310 **Sarrabat.** François Rabelais. Manière noire, in-4. Marge.

311 **Savart.** Cardinal de Bernis, in-8, d'ap. Callet. Très-belle ép. Marge.

312 — Bossuet, avec adresse barrière de Fontarabie, in-8, remargé à claire-voie. Très-belle ép.

313 — Buffon, in-8. Avant la lettre, remargé en plein. Très-belle ép. rare.

314 — Le même, avec la lettre.

315 — Catinat, in-8. Très-belle ép. Marge du cuivre.

316 — Mme Deshoulières, in-8. Très-belle ép. Toute marge.

317 — Fénelon, in-8. Grande marge.

318 — Fontenelle, in-8. Superbe ép., d'ap. Le Moine.

Mourier 3.

Pingard 2. Lemarie 2

Pingard 2. L.B.

Baret 7

Debatz 7 Rapilly 10

Dervaux 9

Debatz 8

Debatz 10

Huban 6 Nouzaret 5 Mourier 6.

Pingaud 2 Dervaux 9

Rapilly 40 Cutzam 30 Pingaud 5 Dervaux 11
Rapilly 10

Lemarie 1.50

Lemarie 1.50

Cutzam 12. Hubac 6

Faucel 6

Mourier 3.50

319 — Montesquieu, in-8. Très-belle ép. Toute marge.

320 — Rabelais, in-8. Avant toute lettre, rare.

321 — Le même. Très-belle ép. avec la lettre. Toute marge.

322 — J. Racine, in-8, d'ap. Santerre. Très-belle ép., remargée à claire-voie.

323 — Richelieu, cardinal, in-8, d'ap. Champagne. Trou de vers dans la marge.

324 **Schenck** (Petrus). Son portrait, in-4. Manière noire.

325 — Louis, grand dauphin. Rond, manière noire, grand in-8.

326 **Schley**. André, baron de Bourdeille, écrivant au roi Charles IX, in-8. Superbe.

327 **Schmidt** (G. F.). Mme Deshoulières, in-8. Très-belle ép.

328 — J.-B. Rousseau, in-8. Très-belle ép. Marge.

329 **Schmuzer**. Fr. Ed. Weirotter, in-4. Marge.

330 **Schooten**. Descartes (René), in-8. Très-belle.

331 **Schuppen** (van). Mme Deshoulières, in-8. 2 ép.

332 **Schweger**. Général Custine, ovale, in-8. Marge.

333 **Sergent**. Comte de Mirabeau, député d'Aix, in-4. Superbe ép., 1er état. L'entourage en bistre.

334 **Simon**. Gretry, musicien, ovale, in-8, d'ap. Isabey. Superbe ép. Toute marge.

335 **Simonet**. Louvet, in-12. Avant la lettre, sur chine. Toute marge. Superbe.

336 — Massillon, avec l'entourage pour le titre. avant la lettre, sur chine. — J.-J. Rousseau, in-8, eau-forte pure. 2 p.

337 **Sisco.** Boileau, ovale, in-8, eau-forte pure, rare.

338 — Saint François de Sales; au bas il est à genoux devant Henri IV. Superbe ép. in-8, sur chine, avant la lettre. Toute marge.

339 **Soliman.** Boileau, in-8, avant la lettre, sur chine. Toute marge.

340 — Abbé Prévost, in-8, avant la lettre. — Petit ovale avec le nom de Ficquet? 2 p. Toute marge.

341 — J. Racine, in-8 avant la lettre, chine et blanc. 2 p. Toute marge.

342 **Sornique.** Blaise Pascal, in-8. Superbe ép. Toute marge.

343 **Staal.** Béranger. — Jules Janin. 2 eaux-fortes, in-8. Marge.

344 **Tardieu** (Alex.). Dumoustier, in-8. Superbe ép. Marge.

345 **Texier.** Frontispice, avec les portraits de La Fontaine et Vergier, les Grâces, Vénus, Junon, Minerve, in-8. Remargé à claire-voie.

346 **Thévenard** Diogène soutenant le portrait de Fleury, cardinal, grand in-4.

347 **Thomassin.** Boucherat, in-4.

348 **Thomson.** Marie-Amélie, reine des Français, in-8 sur chine, avant la lettre. Très-belle ép. Toute marge.

L. B.

Chalayer 3

Mourier 5

Nicolle 4
si pas 91

Lemoine 3.50

Rapilly 5

Lemoine 1.50 Rapilly 5

349 **Tilliard.** Jacques Pernetti, d'ap. Liotard. in-4. Très-belle ép. Toute marge.

350 **Trière.** Gabriel-François Coyer, in-8, d'ap. Colson. charmant portrait. Superbe ép.

351 **Vérite.** Helvétius, in-8. Toute marge.

352 **Vertue.** Lady Sydney. Un amour est près de la couronner. Grand in-8 en travers pour entête de page. Superbe ép. Très-grande marge. Rare.

353 **Villerey.** Lavater en pied, grand in-8. Avant la lettre, marge, in-fol.

354 **Vinsac.** Delile de Sales, in-4, d'ap. Pujos. Marge.

355 **Watelet.** Bay de Curys. — Comte de Vence. 2 p. in-4, d'ap. Cochin.

356 — Louis de Silvestre, in-4, d'ap. Cochin. Grande marge.

357 — Thomas Le Seur, minime, d'ap. Delavalée-Poussin, in-4. Très-belle ép. Marge. Rare.

PORTRAITS

CLASSÉS PAR NOMS DE PERSONNAGES

358 **Anonyme.** Jolie femme de profil à gauche, coiffée d'un voile, ovale, in-4, en couleur.

359 — Portrait d'un personnage moderne décoré, in-8. Superbe ép. marge, in-fol.

360 — Personnages des Pays-Bas. 3 p., in-8. Portrait au burin et manière noire, par Benoist, Neagle et autre. En tout, 9 p.

361 — Profils, in-4. Abbé et autre. Portraits non terminés et autres. 6 p.

362 ***Adam*** (maître). in-4. Marge.

363 ***Bailly***. Profil à droite, rond, en couleur, in-8. Marge.

364 — Profil à gauche, rond. — Profil à droite, à claire-voie. 2 p. in-8.

365 ***Banville***, entouré de huit très-petits portraits, eau-forte, in-8, sur chine, non fixé.

366 ***Bernardin*** de Saint-Pierre, par Lignon, in-12. — Par Bertonnier, in-8, sur chine. 2 p. Avant la lettre.

367 — Par Lignon, grand in-8. Lettre blanche et ombrée. 2 p. Toute marge.

368 — Par Pelée, à mi-corps, grand in-8. Avant la lettre, sur chine.

369 ***Berry*** (duc de). Lettre blanche, in-8, sur chine. Superbe. Toute marge.

370 ***Boccace***, in-4. — In-12, par Demautort. — ***Arioste***, in-12, par Littret. 3 p.

371 ***Bossuet***, in-8, par De Longueil. — Petit buste sur piédouche. 2 p. Toute marge.

372 ***Bragelone*** (Mme de), d'ap. Nanteuil, petit in-fol, ovale. Toute marge.

373 ***Brook*** (miss). Afterwards lady Denham. 2 portraits différents, in-8. Toute marge.

374 ***Cagliostro*** (comtesse de). Ovale, in-8.

Nicolle 3. Perigaud 1.

Rapilly 6

Bovet 9 Pingoud 2

375 **Catherine II,** par Bertonnier. Avant la lettre, sur chine. — Par Saint-Aubin. 2 p. in-8. Toute marge.

376 **Caylus** (comte de), in-4, par de Lorraine. Toute marge. — Grand in-8. 2 p.

377 **Charron** (Pierre). Parisien, in-8, par L. Gaultier? Remargé à claire-voie.

378 **Chauvelin.** Au bas, David, vainqueur de Goliath, in-4.

379 **Cheron** (Élisabeth-Sophie), in-8, par Desrochers. Grande marge.

380 — En-tête de page. Médaillon entre deux enfants, remargé à claire-voie. — Petit in-4, par Eredi. 2 p.

381 **Collardeau,** in-12. Avant toute lettre, sur chine. Toute marge.

382 **Corday** (Charlotte), petit in-fol., par Tassaert. Petit ovale, remargé. 2 p.

383 **D'Alembert,** petit médaillon, par Liebe.

384 **De Belloy,** cardinal. Buste sur piédouche, in-4, en couleur.

385 **De Foe** (Daniel), in-8, gravé sur bois.

386 **Députés.** Depère. — François de Nantes. — Destrem, 3 p. in-12.

387 **Devonshire** (duchesse de), in-4 en travers.

388 **Dorat,** in-12, par Delvaux. — In-8, par Saint-Aubin.

389 **Du Barry** (Mme la comtesse). Copie in-8 du portrait, par Gaucher. Superbe ép., papier vergé, in-fol.

390 **Dumouriez.** Portraits in-8 différents. 2 p.

391 **Famille royale.** Comte d'Artois, Louis XVIII, Mme Élisabeth et autres. 5 portraits réunis. — Différents portraits de Louis XVIII et famille, pour mettre sur des boîtes. 2 p.

392 — Caricature sur Louis XVIII et Napoléon. C'est aujourd'hui la saint Lambert.

393 ***Féodorowna*** (Marie), in-8. Toute marge.

394 ***Fénelon.*** Buste, entouré de figures allégoriques, manière noire, in-4. Avant toute lettre. — In-8, avant toute lettre. Toute marge. 2 p.

395 ***Fénelon,*** par Henriquez. — Par Le Beau, 2 p., in-8. Marge.

396 ***Fontenelle,*** par Bacheley, remargé à claire-voie. — Par Dupin, toute marge, 2 p. in-8.

397 ***Garlande*** (Mathilde de), fondatrice de Port-Royal, in-4. Marge.

398 ***Généraux.*** Bessières.— Davoust. — Masséna. 3 p. in-8. Avant la lettre, sur chine. Toute marge.

399 ***Gessner,*** in-8. Profil à droite.

400 ***Girardin*** (Mme Émile de), in-8, par Flameng. — in-12, par Delvaux. 2 p. Avant la lettre.

401 ***Gluck,*** ovale, in-8. Toute marge.

402 ***Graffigny*** (Mme de), in-12, par Forsell. Avant la lettre. — Ovale, par Lepage. 2 p.

403 ***Hoffman,*** entouré de compositions fantastiques, d'ap. Callot, in-4.

404 ***Joly de Fleury.*** In-4, avant toute lettre.

405 ***Joseph II,*** par Balzer, in-8. — Par Bonnet, in-12, en rouge. 2 p.

Rapilly 10

Rapilly 3.

L. B

Nicolle 2. Bover 7

406 — et Marie-Thérèse entourés de figures allégoriques. Eau-forte pure, in-8. Superbe.

407 **Lachambaudie.** Grand in-8, sur Chine, marge in-fol.

408 **Lafayette.** Rond in-8, marge.

409 **La Fontaine** lisant ses œuvres à Mme de la Sablière. In-8, d'ap. Deveria, par Geraut. Superbe ép., sur Chine avant la lettre, toute marge.

410 **Larochefoucauld.** Petit carré, par Allais. In-8, par Burdet. 2 p. avant la lettre sur Chine. toute marge.

411 **Laya.** Eau-forte pure, les noms sont à la mine de plomb.

412 **Lebrun** (Mme Vigée). Eau-forte pure, in-4.

413 **Le Pelletier de Saint Fargeau,** député. Ovale in-8, chez Basset. — In-4. chez Esnauts et Rapilly. 2 p.

414 **Louis XVI.** Médaillon soutenu par le Temps. Frontispice, par Martinet, in-8, toute marge.

415 — en pied. Petit in-fol. colorié, coupé en ovale.

416 — Profil à droite. In-8, par Hubert, toute marge.

417 — Profil à droite. Petit in-fol., par Sullin, d'ap. Vanloo.

418 — Profil à gauche. In-12 et in-8, édition allemande, 2 p.

419 — Profil à gauche avec deux Amours, par Schiavonetti. 2 p. in-8.

420 — Ovale, par Mme Bovi. — Rond. par Godefroy, avant la lettre. Superbe, toute marge. 2 p. in-8.

421 — Ovale, par Jones, grand in-8. — Ovale in-4, par Pfeiffer. 2 p.

422 — Grand in-8, par Hubert; dans le bas, allégorie sur un bouclier, toute marge.

423 — au premier citoyen. In-4, par Le Cœur.

424 — en manteau royal. Petit in-fol., par Ponce.

425 — Médaille pour le sacre, allégorie. In-4, toute marge.

426 — J'ai toujours aimé mon peuple, je meurs innocent. In-8.

427 — Apothéose, par Duplessis Bertaux. In-4, eau-forte pure, toute marge.

428 **Marie-Antoinette.** Au bas, ses adieux à sa famille. — **Louis XVI**. Au bas, ses adieux à sa famille. 2 p. petit in-fol.

429 **Marie-Antoinette**, avec haute coiffure, plumes et aigrette. Grand in-8, par Le Beau. Très-belle ép., toute marge.

430 — Acte d'humanité, d'ap. Moreau, par Duclos. In-8.

431 — à Notre-Dame pour l'action de grâce de la naissance du Dauphin. Petit in-fol., par Née, d'ap. Moitte.

432 **Marguerite** de Navarre. Eau-forte, in-8, sur Chine non fixé.

433 **Marie**, reine d'Angleterre ; en bas, médaillon avec les Grâces. Eau-forte grand in-8.

434 **Massena.** Rond, manière noire, in-8. Superbe ép., marge.

435 **Millevoie.** Eau-forte pure et avec la lettre, par Éthiou. 2 p. in-8, toute marge.

Pingouin ?

Fauvel 6

P. Urbain 30

Pingaud 3

Rapilly 10

436 — en pied, avant la lettre, sur Chine. — Avec la lettre. 2 p. in-8, toute marge. 2.50

437 **Mirabeau.** L'Ami des hommes. In-4, avant toute lettre. 7

438 **Mirabeau.** Frontispice, in-8. Il ôte aux nations le bandeau de l'erreur. — Comte, député d'Aix. In-12, en bistre, 2 p. 39

439 — Profil à gauche, très-petit rond. — Profil à droite, in-8, avant toute tettre. — Ovale, in-8, de face, eau-forte pure, 3 p. 18

440 **Miramion** (Mme de), d'ap. Edelinck, avant toute lettre. — Élisabeth Letou. Eau-forte, 2 p. in-8, toute marge. 1

441 **Molière.** Eau-forte in-8. Ép. d'artiste, grande marge. 8.50

442 **Momoro,** imprimeur de la liberté. In-8. Très-belle ép., toute marge. 10.50

443 **Montaigne.** Petit in-4, par Wagstaff. — In-8, par Cooper. 2 p. 1

444 **Montesquieu.** In-4, profil à droite, par Voyez. — In-8, profil à gauche, eau-forte sur Chine, toute marge, 2 p. 3

445 — In-8, d'ap. Deveria, par Muller, eau-forte pure. — Avant la lettre sur Chine, toute marge, 2 p. 2.50

446 — In-8, par Pourvoyeur, eau-forte pure. — Avant la lettre sur Chine, 2 p., toute marge. 2

447 **Necker,** par Allais. — Chez Esnauts et Rapilly. Toute marge. 2 p. 6

448 — Profil, par Le Beau, en bas allégorie. — Le Compte-rendu, 2 p. grand in-8. 2 p. 3

449 — Rond in-8. — Ovale grand in-8. 2 p.

450 **Ninon de Lenclos.** In-8 par Sysang. — Eau-forte pure d'ap. Devéria. 2 p.

451 **Orléans**, régent, en pied. Ép. d'artiste avant toute lettre sur Chine, toute marge.

452 **Pascal.** In-18 par Hopwood, avant la lettre, sur Chine. — Eau-forte pure in-8. — 2 p.

453 — In-8. Superbe ép., toute marge.

454 — Ovale, par Walker, — Richelieu, cardinal. 2 p. in-8.

455 **Petion** de Villeneuve. In-8 en bistre, toute marge.

456 **Pétrarque.** Ovale par Hopwood, — par Boutrois, sur Chine. 2 p. in-8 avant la lettre.

457 **Piron** à la porte d'Auteuil. Vignette in-8, marge.

458 **Pompadour** (Marquise de). In-8.

459 **Prevost** (Abbé). In-8 par Maradan, toute marge.

460 **Rabelais.** In-8 à mi-corps et autre. 2 p. différents.

461 **Raffet.** Bois tiré du Magasin des Demoiselles. — Le Duc de Reichstadt, eau-forte pure d'ap. Raffet. 2 p.

462 **Richelieu**, cardinal, en pied, in-4. Ép. d'artiste avant toute lettre.

463 **Robespierre.** Avant toute lettre, — Profil ovale, chez Basset. 2 p. in-8, toute marge.

464 **Rollin.** In-8. Eau-forte pure sur Chine, toute marge.

465 **Rousseau** (J.-B.), In-8.

Rapidly 1.

Rapidly 2.

Mourier 6

Moreau 12

Fitchfield 12

Nicolle 3 Em Lambert 150. Ditchfield 13 Minoret

466 **Rousseau** (J.-J.). Frontispice par Bovinet. — Statue buste pour la suite d'Héloïse d'ap. Prudhon. 2 p. in-8.

467 — En bas, son tombeau. In-8, marge.

468 — Rond par Quenedey. Superbe, rare.

469 — Et Mme de Warens. 2 p. in-8. Avant toute lettre. Superbes et toute marge.

470 **Roussel.** Portrait couronné par deux Muses, grand in-8. Avant la lettre. Toute marge.

471 **Scarron**, par Chapuy, édition Cazin.

472 **Sevigné,** sous le nom de Mme Staal, édition Cazin.

473 **Talleyrand,** de la collection des Grands Aigles, colorié.

474 — Petit carré. par Éthiou. In-8. Avant toute lettre. 2 p. sur Chine, superbes.

475 **Target.** Ovale grand in-8, chez Basset.

476 **Tressan** (comte de), par De Launay. — Par Fittler. 2 p. in-8 Marge.

477 **Vergier** (Jacques), in-12.

478 **Vernet** (Carle). Debucourt. 2 p. in-8. Toute marge.

479 **Voltaire.** Couronnement allégorique, in-4. — In-8, superbe ép. Toute marge. 2 p.

480 — Esquisse d'après nature, faite à Fernex en 1769. Eau-forte in-4.

481 **Voltaire** et J.-J. **Rousseau** s'envoyant des taloches; ils sont dans un jardin. In-8. Très-rare.

482 **Watteau.** In-4, d'ap. lui-même.

483 **Portraits** divers. Chenier, Laharpe, Philippe V, etc. 5 p.

484 **Odieuvre** (suite d'). Aretin. — Boileau. 2 p.

485 — Boileau. — André Dacier. 2 p.

486 — P. Corneille. — Ch. Rollin. 2 p.

487 — La Fontaine. — Th. Corneille. 2 p.

488 — J. Racine. — La Bruyère. 2 p.

489 — Voltaire. — Santeuil.

Ces portraits sont tous avec l'adresse. Très-belles ép. Marge.

490 **Aéronautes.** CHARLES. Toute marge. — PILATRE DE ROZIER, par Goulet. — Autre dans les nuages, 3 p. in-8.

491 **Personnages du Procès du Collier.** Mlle d'Olisva. — Cagliostro, dirigé à gauche. 2, in-4, manière noire.

492 — Mme de la Tour. — Cagliostro, dirigé à droite. 2 p. in-4, manière noire.

493 — Baron de la Fages. — Bette d'Etienville. 2 p. in-4, manière noire.

494 — Le baron de Fages, in-4. Superbe. Toute marge.

495 **Révolution.** Collot d'Herbois, Marat et Ch. Corday. — Carrier, Robespierre. 2 p.

496 — Robespierre. — Marat. Feuille de texte anglais. 3 p.

497 — Marat, ovale in-8. — Mort, d'ap. David, in-4. 2 p.

498 — Siége de la Bastille, grand in-4, par Sellier.

Rugulla 12

Ditchfield 3.

499 — Magicienne consultée sur la Révolution. Union des quatre Parties du Monde, eau-forte. in-fol. 8

500 Drapeaux des bataillons Saint Marcel. — Sainte Opportune. — Des Blancs-Manteaux. — Saint Roch. 4 p. in-4. Coloriées. 25 V

369 - 381 1 . 50

PORTRAITS

Gravés par Adolphe VARIN

POUR ILLUSTRER

LES GRAVEURS D'ILLUSTRATIONS

PAR

M. le baron R. de PORTALIS et M. H. DRAIBEL

PARAITRONT PROCHAINEMENT

DE LONGUEIL
CHODOWIECKI
DESROCHERS
HOGARTH
BALECHOU
BARTOLOZZI
CHEDEL

FAISANT SUITE A CEUX PUBLIÉS

POUR

L'ART DU XVIIIe SIÈCLE

De MM. de GONCOURT

ET

LES DESSINATEURS D'ILLUSTRATIONS

Par M. le baron Roger de PORTALIS

Chez VIGNÈRES, rue de la Monnaie, 21, à Paris

Ves Renou, Maulde et Cock, imprs de la Cie des Commissaires-Priseurs, rue de Rivoli, 144. 3251

www.ingramcontent.com/pod-product-compliance
Ingram Content Group UK Ltd.
Pitfield, Milton Keynes, MK11 3LW, UK
UKHW020352180726
13839UKWH00003B/1054